2016 VOL. 2

작가와문학 詞華集

2016 VOL. 2
작가와문학 詞華集

해우소 노래방

시가 찾아 가는 곳은
인간의 내면에 존재하면서
명확히 알 수 없는 얼굴, 나라는 본질이다.

해우소 노래방

CONTENT

15 공화순

16 | 3월은 물오름 달
17 | 꽃눈개비 몸살
18 | 봄 그리고 밤
19 | 꽃게를 손질하며
20 | 토담
21 | 상태메시지
22 | 목이 긴 가을
23 | 11월
24 | 가랑 눈
25 | 유년의우물

26 고안나

27 | 개망초꽃
28 | 새소리
29 | 수양버들
30 | 갯벌
31 | 그림자
33 | 꿈꾸는 상자
35 | 꿈꾸는 돌
36 | 창문 하나 사이에 두고

CONTENT

폐차장 가는 길 | 38
수국(水菊) 안으로 들다 | 40

별빛 초대 | 43   **이두의 42**
말보로(Marlboro)에게 | 44
꽃들의 달밤 | 46
피지 마라, 물꽃 | 47
가을 폭풍 | 48
해우소 노래방 | 49
석류 | 50
거미줄 | 51
우산의 말 | 52

역린 | 53

맛 | 55   **박영춘 54**
아픔 | 56
4월은 좋은 달 | 57
영혼 품은 돌 | 58
참을 수 없는 아픔 | 59

CONTENT

60 | 산길 바닷길에 핀 꽃
61 | 청보리밭
62 | 그해 겨울에 내린 눈
63 | 한여름 한낮 낮달
64 | 농악놀이

65 김남희

66 | 매물도 연가
67 | 세 살짜리와 말장난하기
68 | 비의 소곡
69 | 새벽 달빛
70 | 동피랑
72 | 안개에 갇혀도 비상구는 있다
73 | 그, 첫눈(雪)에 반해서
74 | 종달새운다
75 | 흑장미 한 송이 피워보고 싶어서
76 | 입춘 앞에서

CONTENT

김나인 77

무량사 가는 길 | 78
춘 4월 | 79
꽃의 서시 | 80
저 꽃 | 81
무욕 | 82
해당화야 | 83
그 꽃 | 84
밥 한 공기 | 86
면의 기억 | 87

김민기 88

개체 | 89
겨울 냄비 | 90
고지서 | 91
그 날 | 92
반숙 | 93
봄의 상상 | 94
상대성 | 95
성공 | 96
안산시 | 97
유년시절 | 99

CONTENT

101 장상아

102 | 빗방울
103 | 성령의 임재 속
104 | 옹기종기
105 | 우(雨)
107 | 절규
108 | 코스모스
109 | 파랑새
110 | 폭우(暴雨)
111 | 호박덩굴의 사투(死鬪)
113 | 화산

공화순 時調

3월은 물오름 달 외 9편

경기대학교대학원 문예창작학과 석사졸업. 2016년 「시조문학」 신인상. 2014년 3월 작품집 「지금도 나는 흔들리고 있다」 출간. 2015년 2월〈물향기문학상〉수상. 제2회〈작가와문학상〉수상. 현재 창수문인회, 화성문인협회 회원.〈청소년 인문학〉도서관 강사.〈성인 글쓰기〉아카데미 강사.

3월은 물오름 달

*
겨우내 구푸린 몸 양지에 내다걸고

봄볕 끌어안고
자울자울 졸다가

부스스 잔 비늘 털며 물오르는 마른 가지

**
물오름 달 돋는 움은 열두 살 초경 같다

초록으로 눈뜰 때마다
남은 추위가 시샘해도

속살을 가만 꺼내어 푸른 하늘 담는다

꽃눈개비 몸살

멧비둘기 울어대던 긴 저녁 등을 타고
신열로 뒤척이며 넘어온 앳된 사월
선명한 핏자국마다 새 눈을 치켜떴다

꽃필 땐 아프다지, 묵은 피 다 쏟아내고
수액을 퍼 올리듯 어둠을 끌어올리자
화르르 꽃눈개비가 봄 기슭으로 떨어졌다

봄 그리고 밤

*

초저녁 덧든 잠에 밤새 뒤척이다
마른 땅 토닥이는 빗소리를 듣는다
똑똑똑
바닥을 짚는
낙숫물에 마음 저린

**

개구리 와글와글 도돌이로 울어대고
무논에 고여 있는 은빛결이 우련하다
두견새
피 흘려 넘는
산동네 봄 그리고 밤

꽃게를 손질하며

꽃게를 손질하며 독해지는 나를 본다
집게발 무섭다고 냉동 게만 찾던 손이
치켜든 집게발을 끊어 공격을 봉쇄하고

필사의 몸부림을 해체하는 25년차 주부
등껍질을 떼어내고 헐떡이는 속살에
불현듯 비감에 젖는 스산한 봄날저녁

산 게가 맛있다며 생생함에 솔깃하여
유난히 펄떡이는 산 놈만 골라다가
맛있는 식탁을 구실로 벌어지는 살육전

토담

까닭 없이 허전한 날
디새집을 지나다가
살며시 붉은 담에 내 모습 기대이면
넓은 품 나를 끌어다 모양대로 시침한다

나한 같은 그 미소에
볕뉘로 머물러서
고단한 발길 잡으며 말없이 안아주는
빈담에 가득한 온기 토닥이던 언니 같다

잡풀들 이야기가
발밑에서 익어가고
큰 키를 기울여서 말 건네는 나무들이
바쁘게 꿰던 하루도 숨 고르며 등을 편다

상태 메시지

오늘도 잘 있다며
글자가 웃고 있다

한때는 안부하며 지냈던 인연들을

프로필 들여다보며
눈으로 인사한다

몇 달째 걸려 있는
똑같은 멘트에도

혹시나 안 좋은가, 선뜻 묻지 못하고서

너와 나 지난 거리를
문자로만 확인한다

목이 긴 가을

노천명이 제일 싫다던 가을이 선뜩 왔다
뺨을 치며 들어오는
갈바람이 처처하다
옛 친구 와락 떠올리는 먼 예배당 종소리

두릅 순 연연하게 돋아나던 뒤 곁에선
감국도 제철이려니
어린 시절 아련하다
바람 귀 소스라뜨리며 놓고 가는 얇은 햇살

11월

나무와 나무 사이 단풍이 몸을 내렸다
해쓱해진 갈숲에 침묵들이 쌓여간다
그 속을
비집고 나오는
낡아가던 탄성들

봄에 만나 가을이 다 가기 전 헤어졌다
헐렁해진 옷 사이로, 바람이 자꾸 든다
저 멀리
깊어가는 하늘
눈 소식은 가뭇하다

가랑눈

小雪 지나 내린 비가 쌓이는 날입니다
가지 끝 투명하게 빚어내는 사연들
온밤 내 오랜 약속처럼 창밖을 서성입니다

가을이 가는 길을 한사코 막아서며
사늘히 비껴가는 그 길목 어딘가에
남몰래 어둠을 밟고 가랑눈이 다녀갑니다

유년의 우물

우물은 내 유년의 기록을 쥐고 있다
들여다 볼 때마다 빤히 보던 그 표정
또 너니, 바닥을 감추고 올려보던 검은 눈

두레박을 철썩 내리면 내 얼굴을 흩었다
어저께 잡다 놓친 참외 하나 내어주고
가만히 시치미를 떼며 먼 하늘만 비추던

고앤나 Poem

개망초꽃 외 9편

시인. 시낭송가. 한중문예대학 상임시인. 한중공동시전문지 『두견화(杜鵑花)』 편집위원. 한민족사랑문화인협회 작가회 상임시인. 한국오페라교육문화진흥원 추진위원. 국제에이즈 연맹 한국 홍보대사. 부산시인협회 회원. 모닥불문학회 부회장. 미당문학회 이사. 미당시낭송회 회원. 한국낭송가협회 시낭송가 및 한민족사랑문화인협회 전문시낭송가로 활동.

개망초꽃

옷고름 여미는 당신
떼과부처럼 가난한
하찮은 목숨도 몸은 뜨거워
떠돌이 바람 앞에 쉽게 무너진다
귀부인처럼 우아한 자태는
꿈 넘어 꿈
촌스러운 그 이름 어쩌나
마냥 서러운 박색한 여인처럼
표정 지운 얼굴들
보다 못한 노을이 안타까워
붉은 융단 슬며시 풀어 목덜미 휘감자
신부처럼 곱다
청하지 않은 나비떼 몇 마리
어울렁 더울렁
어, 이게 아닌데

새소리

어떤 몸의 소리이기에
닫힌 창 틈 사이로
제 집 드나들 듯 하나,
모조리 자고있는 새벽
어디서 풀어놓은 목청들이
했던 말 또 하고 또 하는 것일까
내 누운 자리
오래전 숲이 지나간 자리였다 한다
오리나무 때죽나무 너도밤나무
나 한 그루 떡갈나무 되어
소리의 향방 가늠해 본다
어떤 힘에 실려오는
그 소리 변함없는 엇박자
졸음에 겨운 눈꺼풀 천천히 벗기고
예전 딸아이 옹알이처럼
귓속에 넣었다 뺀다
도대체 나를 깨워 어쩌겠단 말인지
일어나라는 것인지
더 자라라는 것인지
아직도 해독하지 못한 그 소리

수양버들

마음 숨긴 채
수줍은 손 적시고 있네
눈썹은 까닭없이 휘날리고
긴 머리카락 헝크러져
부끄러운 이마 감추었지
함께 갈 생각 전혀 없다는 듯
강물의 발 없는 유랑은 거듭되고
쉴 새 없이 바꾸는 벗은 몸 앞에
아무것도 실행한 것 없네
생각에서 자유로울 수 있다면
나를 운반하고 싶은데
자갈 구르는 소리 들리지 않고
상처입은 여인처럼
꼼짝없이 여기에 섰네
풀꽃 한 송이 가슴에 달았다면
발길 돌릴까
별빛 몽땅 풀어
그대 마음을 낚는 중
제발, 도망치지 마
젖은 발끝 밀어내며 강물은,
저만치 가다 슬쩍 돌아 보는데

갯벌
―게

나는 스스로 움직이지
내 방식으로 살아가며 경작할 뿐
사선 그으며 땅 갈아 엎고
모래구멍 파고 숨 구멍 하나 남기는 일
보이는 노동의 전부야
무한세계의 조화속에 살지
눈에 보이는 것 모두
현재진행형이지
발 있는것들 돌아다니고
발 없는 것들 나뒹굴고
아, 궁글리는 목숨
이 광활한 경작지
밭 일구던 손길 온데간데 없고
갈매기 한 쌍 울고 갈 뿐
땀 흘린 자국 어디에도 없지

그림자

나에게 운명을 묻지마오
몸 쭉 뻗어 눕기도 하고
떨어지는 별똥별 바라보기도 하지만
새벽안개 아침이슬처럼
사는 동안 침묵부터 배웠소
혼 떠난 몸이라면 어떻소
누가 심장의 힘줄 비틀어준다면
가슴은 용광로가 될것이며
붉은 장미 몇 송이쯤 품고 살것이오
늘 생각은 허망하고
헤어날 길 없는 절망 뿐
유령처럼 어슬렁거리다
세상 밖으로 밀려난다오
나는 날마다 죽고 사는
가벼운 목숨
겪어 본 자와 겪어보지 못한 자 사이에
보이지 않는 강 하나 있어
우린 두 발 함께 담근 채
어둠속 여행중이오
찬란하게 비추는 이 달빛 아래

마른 열매처럼 단단해 지고 싶은데
밤 더욱 깊어질 때
붉은 눈동자 하나 가지고 싶은데

꿈꾸는 상자

내 속에 품은 것
못난 자에게 바치는 힘입니다
목적을 담은 거지요
존경심이라는것
내 속에서는 자라지 못해요
슬픔이라는 놈이 뿔난 감자 싹처럼
당신을 비웃으며 부풀고 있지요
어둠속에 던져진 동아줄
대롱대롱 당신의 손 유혹합니다
사람인 듯 신인 듯
착각하는 자에게 내리는 선물입니다
타협의 한 때만 부드럽게 넘겨 주세요
어둠이 지배하는 세상
눈 떠도 보이는것 아무것도 없어요
그냥 비몽사몽 데려가시면 됩니다
당신과 나 외엔 믿음뿐입니다
반짝이는 별처럼 앉으세요
내 입은 과묵하고
당신 선택은 탁월합니다
비록 해골 밟고 섰다 하나

무슨 상관입니까
수천 가닥의 물안개 소용돌이 친다하나
이 계곡 뿐이겠습니까
독 오른 벌떼들 웅웅거린다 해도
당신 팔뚝은 잘 익은 옥수수마냥 튼실합니다
자, 운반하세요
빠른 물살 몰아내는 일
당신에겐 식은 죽 먹기가 될것입니다
허물은 허물을 덮지요
이 놀라운 방식은 당신 위해 존재합니다
나는 가면, 속이 궁금한 나는
당신의 즐거움에 동참할 뿐
봄날 꾸는 개꿈입니다
내 속의 진리는 비워진 채
당신 아랫배 살찌울 지폐들이
풀밭 소떼마냥 웅크리고 앉아있을 뿐입니다

꿈꾸는 돌

파도는 뺨 때리며
나를 키웠다
바닷물속에 넣었다 건졌다 하며
나를 완성했다
서로를 둥글게 다듬어 주던 몽돌밭
니도 몽돌 나도 몽돌
마음에 그리움 하나 품었을 터
뜨거운 피 웅성거린다
나는 벌거숭이
몸 깊숙한 곳에서
젖은 꽃들 화관을 쓴다
바위에 구르는 새 소리
하루 해 저무는 것 본다
자꾸 무어라 말하고 싶지만
가만히 있으라 한다

창문 하나 사이에 두고

호흡하는데 창 하나면 족하다
창문 하나 사이에 두고
심심한 바깥 풍경 불러 들였다
하필이면 꽃자리 지나간 허공
주름잡다 구부정한 라일락나무
초록 이파리들 들어오려 간살 뜬다
저 많은 혓바닥
대체, 어디 숨어 있었던가
대책 없이 벌어지는 입
바람의 몸에서 경련이 일 때마다
자세 바꾸는 소리들
뒤집었다 굽혔다
때로는 꺾일 듯 휘어졌다
아슬아슬 숨죽인 채
뒤로 넘어졌다 다시 일어나
아무일 없었다는 듯, 태연한
이파리들의 용이주도한 대체능력
이렇게 살아야 한다며
쏟아지는 가벼운 햇살 아래
내 마음도 한데 묶여

옆으로 누웠다
창문을 닫아야 하는데

폐차장 가는 길

죽음의 서막일까
죽음은 항시 예고없이 찾아와
준비되지 않은 마음으로
눈물파티 치르기도 하고
덧없는 사랑 붙들었다 놓았다 하며
열린 문 밖으로 나비처럼
홀련히 날아간다 했다
한 번쯤, 뒤돌아 보면서 가는 걸까
이 생각 저 생각으로 복잡할 때
왜 그랬을까
따라 나서기 싫었던 것은 생각일 뿐
예전과 다름없이 동행중
한몸처럼 가라면 가고
서라면 서고 천천히 또는 빨리
지휘하듯 핸들에 이끌리어
민첩하게 움직이는 것이 역할의 전부다
가끔씩 행동하는 지휘봉이 되어
종횡무진 질주하는 차들 멈추게도 하고
크락숀 울려 잠에 취한 거리
깜짝깜짝 놀라게도 했었다

그런 내가, 만사 귀찮다
우울증이라도 발병한것인가
육중한 몸 꼼짝하기 싫은 것이 장마철 그대 뿐일까
날아다니던 청춘의 때
무소의 뿔처럼 혼자서 가던 길 있었다
한 줄기 소나기라도 내릴라 치면
신명나게 물가로 내달리던 나였다
그런 나는 발인가
몸통인 줄 알았던 그 발인가
자존심은 있다
독수리보다 더 빨리 달아나는 날들
날아다니는 날개처럼
거침없이 뛰어다니던 몸
이제, 아프다 그래서 왕창 퍼졌다
수습할 수 없는 몸,
폐차장은 얼마큼 더 가야하나

수국(水菊) 안으로 들다

바람이라도 불라치면 어디론가
떠나겠다는 행성들
생각이 무거운 만큼 큰 머리통
허공 떠받친 채
이곳에다
공화국 세울까
초록 받침대 위에 앉아 탁상공론중
주홍빛 입술 쭈뼛 연 원추리꽃
참 좋은 생각이라 맞장구치며 끼어든다
가만히 있어도
누군가 불어넣는 공기압
점점 커지는 생각통
주체하기 힘든 머리의 무게
땅바닥에 묶인 사슬만 푼다면
풍선처럼 날아올라
유토피아 당도할 것을
맥줄 잡고 있는 너는 누구인가
이 줄, 놓아라
몸만 이곳에 있을 뿐
생각은 이미 우주로 보냈다

먼 별에 가 닿고 싶은
나 보내다오

이두의 時調

별빛 초대 외 9편

시인. 시낭송가. 한중문예대학 상임시인. 한중공동시전문지 『두견화(杜鵑花)』 편집위원. 한민족사랑문화인협회 작가회 상임시인. 한국오페라교육문화진흥원 추진위원. 국제에이즈 연맹 한국 홍보대사. 부산시인협회 회원. 모닥불문학회 부회장. 미당문학회 이사. 미당시낭송회 회원. 한국낭송가협회 시낭송가 및 한민족사랑문화인협회 전문시낭송가로 활동.

별빛 초대

속살대는 별뉘들의 낮은 음이 노래되어
가슴으로 파고드는 초록 밭 길목에서
사부작 복사꽃망울 남모르게 부풀고 있다

푸른 달 모서리에 가로등을 하나 더 걸고
이랑마다 마른 풀꽃 태워 돋운 그 온기로
여울 터, 세월의 은하 쪽문을 열어 놓는다

능선을 넘는 새벽 물안개 머무는 자리
사랑 봉분 키 높이를 한껏 올린 뒷날에는
감아도 보이는 별빛, 네 이름 새기고 싶다

말보로(Marlboro)에게

한 모금 연기 속에 이름이 아파올 때

담배 한 개비를 피우는 동안이라도

말보로,
내 곁에 있어줘
다 지우고 사라지게

기울어진 어깨너머 흩어지는 시간들과

마음의 결빙 속을 흐르는 눈물이야

말보로,
빠른 속도로
숨어들어 가지는 마

망각의 항생제를 가끔씩 덧발라도

새살이 돋지 않던 그 여자의 그 남자가

말보로,
방백의 대사를
너를 위해 하잖아

꽃들의 달밤

평소엔 빈집 적막 세이콤[1]만 알다가
딸 부잣집 아니랄까, 피어있는 일곱 송이
어머니 기일 날에는 친정집이 왁자하다

엇비슷 닮은 얼굴 거울에 비춰보며
며느리도 뜯어보니 어딘가 닮아 있는
어상천[2] 보름달마저 한 식구 얼굴이다

사월 밤 부엌으로 꽃들이 모여들어
어머니 '손맛내기' 자랑을 하려는 듯
비좁아 부딪는 엉덩이 그 웃음도 꽃이 된다

1 　무인 경비시스템 회사 이름
2 　친정 동네 이름

피지 마라, 물꽃

때 아닌 무서리에 된 소리 내지 못하고
잎 없는 가지에서 피고 지는 붉은 꽃잎
목젖에 핏줄이 서도 울컥울컥 피지 마라

찬 바닥 슬픔으로 데우던 몸 일으켜서
비틀대는 의문부호 빗장을 활짝 열어라
갈대숲 잠든 바람은 전자발찌 알고 있다

돌멩이 날아들어 담장 쌓은 그 안에 갇혀
헤매 도는 늙은 노을 뒤꿈치 난 길 위로
거세된 들개 한 마리 기진하여 눕는다

더디지만 지은 죄 값 반드시 치르는 법
뭉개진 젖은 자리 꽃불 놓아 말리는 시간
먼 훗날 눈물에 부푼 눈발 사려 짚으리

가을 폭풍

비바람이 긋는 빗금
템페스트 3악장

빠르게 반복하는
피아노의 선율처럼

빗장을
겹겹이 열고
들어와 난타 한다

내려설 곳 더는 없는
무너진 길 위에서

묻혔다 벗어났다
현기증의 기억으로

젊은 날
휘몰아치던
내 사랑의 몸짓이다

해우소 노래방

가슴벼랑 휘젓던 말
목청껏 뽑아낸다

비켜 도는 사이키 조명
감춰줄 것 있는 걸까

몸놀림
가면을 벗고
신명나서 흔들흔들

안팎으로 고여 있던
통절한 사연들을

가락으로 뜯어내어
흩뿌리는 집단 해우소

비워서
편안해진 음표
오선지가 가볍다

석류

그대향기 못 견디게
내 가슴을 차고 넘쳐

알알이 영근 속내
새금새금 드러낼 때

빨갛게
들끓던 침묵
사랑으로 쏟아낸다

거미줄

물 좋은 먹잇감을 구하려고 만든 고리

입담 좋게 비상의 꿈 문전에 놓여 있는

열쇠의 비밀번호라며 둥근 원을 그렸다

낮은 가락 가슴 긋는 늦가을 다 지나도록

낙엽 한 장 걸리지 않고 어긋난 말들은

베짱이 날개가 되어 찬비에 떨고 있다

움켜진 손 안으로 공허만 들어차고

울음 섞인 고요만이 그물 사이 흘러들어

찬바람 웅성거린다, 겨울이 한층 깊다

우산의 말

검은 비 내리치는
흉흉한 날 손 내밀고

돋을볕 붉은 날엔
외면하는 내 사람아

겹겹이
접혀있는 얼룩
자꾸만 바스락댄다

역린

미르[3]의 목 쓰다듬다 그렁한 눈물방울에
움찔하며 물러섰던 그날 이후 서리 내려
꽃 피고 새 우는 날은 다시 오지 않았다

이정표 찾지 못한 그믐밤의 안개바다
속살이 뜯겨진 채 문지르는 칼날 보고
손끝이 더듬는 감촉, 지향점을 알아냈다

거슬리면 포효하듯 삽시에 휘몰아칠
어여쁜 꽃말로도 건드리지 말아야 할
누군들 거꾸로 난 비늘, 하나쯤은 없으랴

---

3 용의 우리말

박영춘 Poem

별빛 초대 외 9편

황해도 구월산 출생. 충남 서산시 거주. 창조문학 2000년 시 등단. 참여시문학상. 공무원문학상. 창조문학대상. 초동문학상. 시집-〈아지랑이 고개 너머 저만치〉〈들소의 노래〉〈패랭이꽃〉〈아스팔트위에 핀 꽃〉외. 수필집〈마음나들이 생각나들이〉외. 편저〈서산시새마을운동사〉외. 공저〈제주도 서정시〉외. 한국문인협회. 한국공무원문학협회. 한국창조문학협회 외

맛

입맛이
새콤달콤한 것도 좋지만

뭐니 뭐니 해도

지지고 볶아대는
삶의 맛이
달보드레해야 좋을 것일세.

아픔

육신의 아픔
이건 분명
다친 만큼 아플 걸세

아무래도
육신의 아픔은
상처의 아픔보다는 마음아픔이
아마 조금이라도 덜 아플 걸세

마음의 아픔
이건 분명
아는 만큼 아플 걸세

모르긴 해도
마음의 아픔은
상처의 아픔보다는 마음아픔이
아마 몇 곱절 훨씬 더 아플 걸세.

4월은 좋은 달

봄물
올라와

진달래꽃
붉게 꽃펴

욕심껏
온 산 껴안아

4월은
마냥 좋은 달.

영혼 품은 돌

영혼 깃든
저 돌멩이
거듭 태어나
껍데기
가고 없어도

영혼 품은
저 시비
긴긴 훗날
내다보며
고금을 넘나드리라.

참을 수 없는 아픔

다 참았다
다 참을 수 있다

살결 찢어발기는 아픔
살점 난도질하는 아픔
뼈다귀 톱질하는 아픔

모두 다 참았다
모두 다 참을 수 있다

그런데
마음속 파고드는
서릿발 솟구치는
마음아픔만은
정말로 견뎌내기 어렵다
참으로 참아내기 어렵다.

산길 바닷길에 핀 꽃

산길바닷길에 핀 꽃
가슴 활짝 열었다

내포[1]길에 핀 꽃
환히 미소 짓는다

아라메[2]길에 핀 꽃
대번 우리를 반긴다

그 꽃들
자연의 푸름 노래한다

그 꽃들
역사의 흐름 이야기한다

그 꽃들
면면히 살아 숨 쉼
빛나는 문화예술의 혼이다.

1　바다가 육지로 휘어들어가 바닷물이 드나들던 곳.
2　바다와 산길이란 옛말로 서산시의 트레킹 길을 말함.

청보리밭

청보리밭 암울한 시대 삶이었다
버거운 시대 고단한 풍월이었다
배고픈 시절 목숨줄기 끼니였다

차가운 땅에 뿌리내린
맹랑한 생명
당당한 삶
아무리 춥고 배고파도
아무리 짓밟고 업신여겨도
삶을 포기하지 않는 끈기

진달래 피고 봄바람 불면
보리는 들입다 몸을 흔들었다
자지러진 종달새노래 향수였다
보릿대춤 막춤추면
그땐 깜부기도 아름다웠다
보리피리 흥겨움 마을 휘돌면
처녀총각 가슴 사뭇 쿵쾅거렸다.

그해 겨울에 내린 눈

그해 새하얀 눈이 펑펑 내렸다
발자국 없어졌는데도
세상이 하애졌는데도
맥없이 하염없이 눈이 펄펄 내렸다
푸른 소나무 푸른 산
모두 다 하애졌는데도
속없이 속절없이 눈이 풀풀 내렸다

하늘과 땅 보이지 않았다
동서남북 어디인지
미루나무는 아무것도 모르고 서있었다
해와 달도 보이지 않았다

외로운 마음 흐뭇해졌는데도
배고픈 가슴 든든해졌는데도
하염없이 속절없이 눈이 계속 내렸다

그때 찌그러진 내 깡통에
빨간 김치가 그득그득 쌓이었었다
하얀 이밥이 소복소복 쌓이었었다.

한여름 한낮 낮달

느티나무 밑에 샘물 있다
샘물 안에 느티나무 있다

누가 먼저인지 모르게
떼 지어 몰려와서는
팔뚝가지에 매달린 두레박
샘물 퍼 올려
젖가슴에 뿌려
떼거리웃음 호호거리더니만
까르르 까르르 간드러지더니만
떼거리매미울음 귀청 뚫더니만
샘물 퍼 올려
웃음떼거리 등목풍경
매미울음 쥐 죽이더니만

매미울음 고요 뚫는 여름 한낮
처녀웃음 환청 남는 여름 한낮
느티나무 우듬지에 걸터앉아
목욕풍경 탐닉하는 낮달
한여름 한낮 눈요기 헛배만 부르다.

농악놀이

고요한 마을
느티나무그늘에
장구소리 노랫가락 구성지다

느티나무 춤춘다
꽃잎도 풀잎도 춤춘다
벼도 콩도 옥수수도 춤춘다
하늘도 땅도 바람도 춤춘다
사람도 신도 다함께 춤춘다

신명 났다
온 동네가 모두 모두
얼씨구절씨구 신명 났다
벌레도 새도 강아지도
에헤라 좋다
모두 모두 신명 났다

고요한 마을
느티나무그늘에
장구소리 노랫가락 신명 났다.

김남희 Poem

매물도 연가 외 9편

사천시 삼천포 출생. 본명 김둘남. 부산 시인협회, 부산 문인협회,시 전문지 심상 회원, 한국 문인협회 회원. 한국 가람 문학상. 최치원 문학상 본상 ,한올 문학대상, 부산 시인협회 우수상. 시집 『꽃잎 깨무는 아침』 외 3권 출간

매물도 연가

낡은 오막살이
금 간 흙벽 틈새로
적막이 떨구고 간
마른기침 콜록 이는 소리
늙은 기억들 변명처럼 쏟아놓고
성장통 앓는 바람이 사는 민박집
유배되어 갇힌 매물도 에서
내 귀는 한 마리 소라고둥

잠을 흔드는 귀뚜라미 노래에
가만히 섬돌 위를 나서면
별빛의 유혹
폭포 되어 쏟아지는 은하
쉬 잠들지 못하는 까닭은
때 묻지 않은 서정에 흠뻑 취해서일까

불빛 새어나오는 방갈로 창으로
가끔씩 연인들의 다정한 속살거림
와락
덮쳐오는 파도소리

세 살짜리와 말장난하기

어느 날
손녀와 놀다 무료해진 할머니 지나는 말로
나는 꿈속에서 콜콜 잠자고 싶어
그 말에 받아치는 말의 구사가 예사롭지 않다
윤지는 꽃밭에 물 줘야지
그러면 나는 예쁜 꽃으로 피어날래
윤지는 나비가 되어 팔랑팔랑 춤 출거야
그러면 할머니는 꽃 속에 꼭꼭 숨어야지
빨강 꽃에는 빨간 옷 입고
노랑꽃에는 노란 옷 입고
하얀 꽃에는 하얀 옷 입고
날 찾아봐라 용용 죽겠지
세 살짜리와 말장난 하다
약이 오른 아이
하,
지,
마,
윤지가 다 할 거야
어이 울음보 터뜨리는
기 천사의 고운 투정

비의 소곡

꽃길을 걷다
문득 올려다본 하늘이더라
맑은 네 노래 소리는

가을 하늘 만큼이나 상큼한
아이들의 해맑은 웃음

해탈한 스님은 어디 가고
깊은 산사에 묻혀 도 닦는 비구니가
무심코 빚어낸 목탁소리

내 어릴 적 어머니가 베틀에 앉아
혼신을 다해 베 짜던 소리

기억의 저편
유년의 뜰 지나다
담장너머로 들려오던 피아노 선율

빌딩 숲만 무성한 봉래동 107~2 번지에
하루 종일 비가 내리더라
음악처럼 비가 내리더라

새벽 달빛

누가
떨어뜨린
손수건 일까
새벽 길
길모퉁이 돌아가다
찬 이슬 맞고
구겨져 버려진
아픈 추억 한 토막

동피랑[1]

포도시 동피랑[2] 언덕에 올라서면
무뚝뚝한 경상도 사투리
쟁쟁쟁 들려온다

꼬불꼬불 돌담부랑 끼고
목소리 따라 가 보면 불쑥,
어서 오이소 억수로 다리 아푸지예
요기서 한 숨 돌리고 쪼매 쉬었다 가이소

고향 집 눈 앞 삼삼히는
통영 바다 정감어린 풍경
발목 잡혀 퍼질러 앉은 자리
누군가 수 놓고 간 글귀에
실없이 웃음이 난다

더버도 넌닝구 훌러덩 벗을 수 있나
문디 자슥들 지랄하는 거
눈 꼴 시리바도 봐야 되제

---

1   언덕에 핀 낙서
2   경남 통영에 있는 지명

불편한기 한 두 가지라야제
더러분기 정 이라
목구멍 풀 칠 할라카모
앉은 자리 엎어져 살아야제
그렇다고 집 떠나모 내만 서러분기라

사투리 칠갑으로 푸념한 벽보
낭창낭창 걸어 나와 꼬부랑 길 함께 오른다

안개에 갇혀도 비상구는 있다

한 치 앞도 보이지 않는
안개 덮인 깊은 산 속에서 길을 잃었다
이런 날 이면 고사리가 쑥쑥 자란다는 속설만 믿고
산에 오른 봄날 아침

비상구를 찾아 헤매면서
둥둥 떠다니는 구름 위를 밟으며
파도를 타는 기분 그 촉감에
반쯤 넋이 나갔었나보다

자동차 경적 소리가 유난히 크게 지척에서 들려도
한 발자국도 옮겨 놓을 수 없었다
무언가에 홀려
깊은 수렁에 빠질 것 같은 예감 때문에

못 믿을 건 안개에 갇히면 메아리도
악마의 속삭임으로 들린다는 것
고립된 깊은 산 속에서 보낸 그 순간은
영원히 잊을 수 없는
내생(來生)의 빨간 신호등 이었을까, 몰라

그, 첫눈(雪)에 반해서

참 알다가도 모를 일이야
무주구천동이 어디라고
예 까지 따라와
향적봉 봉우리를 소리 없이 앞질러
설원(雪園)을 꾸며놓고
동거(冬居)에 발목 잡혀
속세를 잊힐 리야
그럴 리야 없겠지만
이미
발목 잡힌 순백의 설국에서
나는 그만 눈이 멀었네
그,
첫눈에 반해서

종달새 운다

보리밭이랑 사이에 숨어
종달새 운다
봄은 길고 허기져서
보릿고개 넘으며 탄식하던
울 엄마 흉내 내며
쑥 덤불 캐어 풀 칠 하고
졸라맨 허리띠에 현기증 나도
아지랑이가 눈을 가렸다는 말씀
이제와 생각하면 목이 메이는데
꽃 덤불 사이에 숨어
종달새 운다
그 시절 한 으로 남아
해마다 삼월이면

흑장미 한 송이 피워보고 싶어서

설거지를 하다
깨어진 머그잔에 새끼손가락을 베었네
알싸한 아픔은 잠깐
개숫물에 뚝뚝 떨어지는 피 그 와중에도
노을이 물속에서도 아름답게 핀다는 걸 알았네

신비스런 유화에 넋을 놓고
그 붉은 꽃잎 같은 노을을 보다가
우습게도 손가락 사이로 삐져나오는 피에서
초경을 치루던 시절을 떠 올린 게야

첫 꽃봉오리 터지던 사춘기
그 멀미 날 것 같은 아득함 이라니
피를 보면 괜시리 가슴이 두근거려
헌혈 한 번 못해본 겁쟁이가
증서 없는 헌혈을 망설임 없이 했었지

흑장미 한 송이 피워 보고 싶어서

입춘 앞에서

지열은
꽃샘추위에도 아랑곳 하지 않고
종일 풀무질을 했다

식은 재속에서도 불씨는
제 몫의 생채기로 남아
햇살 한 줌 생명으로 불어 넣고

마악 깊은 잠에서
깨어나는 가지 끝을 휘어잡아
내 서툰 붓으로 쓰윽 칠 하면
오롯이 피어나는 눈부신 문신

이제
메마른 대지는 입덧도 끝나고
복사꽃 같은 윤기가 흘러

아픈 만큼 성숙해 지면
봄이 긴 들녘에서 종달새는 종일
목청껏 재잘대며 노래하리라

김나인 Poem

무량사 가는 길 외 9편

충남 보령 출생. 경기대학교 문예창작학과 졸업. 동 대학원 문예창작학과 석사졸업. 경기대학교 국어국문학과 박사과정. 2004년 ≪순수문학≫에 「배꼽아래」 당선. 소설집 『배꼽아래』, 『파리지옥』, 『개미지옥』, 『나체주의자의 음란소설』, 『정육점의 비밀』, 『꼬마철학자의 유소년기』, 『다수의 그림자들』. 시집 『술 취한 밤은 모슬포로 향하고 있다』, 『그 잔인한 사랑, 그 속성에 대하여 나는 죽도록 사랑한다』 『각시붓꽃 목에 낮달이 뜨다』가 있다. 제39회 경기학술문예 소설부문 우수상. 한국예술작가상 시부문 수상. ≪작가와 문학≫발행인

무량사 가는 길

충남 보령시 외산면 무량사 가는 길
무량사 초입, 입안이 텁텁하여 들른 허름한 대폿집
양귀비 뺨치는 청산과부가
뒤꼍 장독에 세월을 우려낸 동치미
사기그릇에 양껏 퍼 날라 주며
실룩 샐룩 봄의 엉덩일 흔든다.
목을 축이고 김시습 영전에
묵은빛 목면木棉하려는데
봄바람에 맘이 잎사귀처럼 흔들린다.
탁주 한 사발에 토실한 엉덩짝을
바늘귀 눈으로 더듬다가
말술을 먹어 앉은뱅이가 된
목전 앞에 풀꽃,
무량사 절간으로
목에 핏대를 세우는
그날 밤
공불을 외며
천리 길 같은 무량사
길섶에 흐드러진 바람꽃을 소회所懷하며
깊은 밤 봄바람만 월경을 한다.

춘 4월

벚꽃 망울이 생기더니
집 안의 낡은 가구를 버리듯
벚꽃 피기 시작할 때
전남 고흥에서 송수권 시인의 부음,
비보가 전송탑을 타고
손전화기 문자로 왔다.
목련꽃도 피고
노랑나비 날갯짓하는
개나리 나풀거리며
복사꽃 매화 향 천지가 그윽하고
황진이 치맛자락 들치는 사월
휘젓고 다닌 빈 그릇의 젓가락질
그 손때 묻은 흔적들을 화장하여 관에 넣는다.

저 파렴치한 꽃들, 향기를 입관하여 그 가슴에 떼를 입히며
발로 질끈 밟아 봉분을 돋는다.

꽃의 서시

어딘지 모르게 벚꽃이 피고 지던 그 사이
말없이 목련이 지던 그 때에 때마침
복사꽃이 필 때 이었을 것이다.
어느 논자論者는 꽃이 곪아
그 고름이 꽃이라, 하고
곪아 터진 고름은
화냥년의 뭉개진 입술과 같은 것이라고 지껄이는데,
저 서술자는
꽃이 피는 것을
스트레스를 받은 나무가 꽃을 태우는 것이라고
탯줄도 없는 그 배꼽을 내밀고 열매를 잉태하는
하나의 인내라고들 떠들어 대는데,
그 때문에 어딘지 모르게 꽃에 굽이 그늘지고
생선살 같은 발가락들이
모직의 슬픈 양말을 신은 움직임,
어딘지 모르게 가지를 세운
설사한 똥꼬가 벌레처럼 가렵다.

저 꽃

꽃을 보아도
그때뿐이다
지고나면
그것뿐이다
다만
그 꽃이 피었다 진자리
가슴에 흔적하나
발기하지 못한 생채기
만지작거리며
달고 살뿐

무욕

나는 가진 것 없소이다.
파란 하늘 자수해 놓은 구름 한 점과
저 길과 이길 오고가는 곳에
풀 한포기
그 어느 것 하나 내 것인 것이 없소이다.
그대가 꽃양귀비를 함부로 짓밟아도
나는 나무라거나 호통을 칠 여력 없이
그저 내가 가진 것이라고는
대지의 수의 한 벌
내가 비록 삶을 허망하고 비통한 자들에게
빼앗겼더라도
무늬 없는 수의 한 벌 곱게 차려입고
이다음에야 자족이 깃든 녹음으로 푸르를게요

해당화야

해당화 푸르메 푸르러서 좋다
외양간 곳간 무챙이 널브러진 곳 할 곳 없이
어디고 나서 자라 좋다
폭풍과 해일이 네 몸에서 진동처럼
일어난다 해도 푸르메 푸르러서 좋아라
물결 가르고 기웃거리는 숨결이
호수에 푸르메 푸르러서 사라지는
불꽃 같아서 좋아라

그 꽃

너는 들에 놓여 과객過客의 낯선 손길에
분칠하는 꽃양귀비이었을지 모른다
새 한 마리 가슴에 비녀머리 올리고
치맛자락 잎새, 밤새 별빛을 쓸어담은
그 꽃이었을지 모른다

언제나 그 땅 그 자리, 생식기에서
과객의 가슴에 품이 되어주었을 그 꽃

볼 때 마다 어머니의 순결을 빼앗은
나의 언어, 나의 목소리를 담고 있는
저 6월의 흐드러진 꽃들을

이제 삶의 생채기에 너의 뿌리를 덮는다
사랑하지 않는 녹음을 잉태하며
만인의 마음으로 피고 지었을 그 꽃

사랑, 새로운 표정을 지닌 채
어머니, 그 꽃의 잎은 지난날 고통의 분칠을 한
나의 이름과 나의 목소리 나의 식솔들을

그리고 까마득한 그 이름을 떠올리며

비가 내리고, 햇살이 온 누리에 퍼지고
낙엽이 곱게 쌓이는 그 날
그 날이 오면 접히지 않는 엽서에 써볼
그 가슴에, 그 꽃었을 다시 써봤을지 모른다

밥 한 공기

네모난 밥그릇에 종이밥풀 꾹꾹 눌러 담는, 못질하다 굽어진 못꼬쟁이 같은 굽은 허리로 볍씨를 줍는다. 세상 어느 벽인가, 혹은 드넓은 농지나 산지나 도시에 자신의 인생 올곧게 박지 못한 삶으로, 슬픔과 고통만 뽑혀져 나간 가슴에 밥 한공기 채우려, 자신보다 단단한 삶을 망치질하며 킬로그램의 밥값을 빈 밥그릇에 재갈 물리듯 꾹꾹 눌러 쌓는다.

면의 기억

한 번도 맡아보지 못한 지독한 향신료가 빨랫감 옷 속에 배어, 때 구정물과 내 몸에 기생충처럼 은닉하다 벗겨지는 관념의 것들과 섞여진다. 아니 한 번도 섞여보지 않은 독불장군의 성격들이 잠시 길고도 먼 강으로 흘러, 버드나무가 울창한 수로 어디쯤이나, 혹은 섬의 바위틈 그 틈 속의 이물질처럼, 혹은 바다와 섞여 어느 파도가 되어 갈 때쯤이라도, 자궁 속의 향신료가 스멀스멀 공기 중 떠오른다. 길속에 얼굴을 묻고 벽에 기대어 가슴을 도려내는 감빛 같은 쓸쓸한 궁상들, 낯선 얼굴과 귀에 반죽처럼 접혀지는 그 궁상들, 창녀의 달빛 같은 눈빛이 낯선 길에 얼룩처럼 떠오른다. 나무의 푸른 잎새도 낯선 언어의 이슬 같고, 검붉은 얼굴에는 티끌만큼의 사랑스런 수줍음도 없이 전류처럼 흘러 먼지가 되기도 하고, 부풀처럼 공기 중으로 흩어지는 이름들 같고 그런 것들이 나의 옷감이 되어, 실크직물이 되어도 한 번도 맡아보지 못한 향신료, 그 지독한 향이 씻기지 않고 길에 남는다, 치석처럼 그 향이 내 몸의 일부 속에 뿌리를 박는다

김민기 | Poem

개체 외 9편

경기도 이천 출생. 국제문학 신인상 등단

개체

부모를 놓아 주어라

네가 자유롭다

자식을 놓아 주어라

네가 자유롭다

부모와 자식이 놓을 때

네가 자유롭다

겨울 냄비

밥숟갈을 뜬다.

하는 재주 없어도
모락모락 지은
하이얀 쌀

입에 넣으니
한없이 맛나다.

냉장고
김치 잊은 채

다시
한 입 채운다.

고지서

소식이 날아든다
군수님한테서
읍장님한테서

무성(無聲)한 이름에
안부 물어와 주시니
독거생활도 쓸만하다

내일은 일찍 은행가서
답장을 부쳐 드려야지

그 날

안개 낀
이른 아침은
나무상자 안에서
세상과 이별을 고한
그 임에게 다시없는 아침

자유로이 누리며 가리라 싶던
세상살이가 수레를 끌게 했고
길목의 굴레를 싣고 살았으니
이제 쉴 듯해도 감은 두 눈에
흐른 눈물 미련처럼 끈끈하여
지워내는 손수건만 애가 타다

봉분을 뒤로 밥 먹으러 가는
내가 시간 흘러 맞이할 그 날.

반숙

나이 먹으면 어른된다 해서

나이를 먹었더니

나이만 먹으면 어른 아니라고

나이 어린 어른이 알려주더라

아버지 되기는 쉬어도

아버지 답기는 어렵다더니

어른도 그러한가 보다

봄의 상상

계절이란 집에서

해가 주는 옷을 입고

나무가 준 의자에 앉아

눈을 감으면

그녀는 바람의 모습으로

내 무릎에 앉아 안기어

속삭여 주리라

사랑한다고

상대성

대상에 따라
선인이 악인 되고
악인이 선인 되는

그 안에
옳고 그름이라니
그저
내 맘에 드는가
벗어났는가의 차이

손끝만 보아도 좋았다가
뒤통수만 봐도 미워지는.

성공

장사꾼은 돈이 목적이고

직장인은 승진이 목적이다.

아들같아 일러주니

목표를 분명히 해라

지금 난 100억 자산가다.

paper city

그는 성공을 얘기 했으나

행복에 대해선 말을 안했다.

안산시

선부동
키큰갈비집 나와
담뱃불 붙이려니
바빠보이는 직원
쓰레기 버리려
뒤따라 나온다.

누군 먹고
누군 버리나

오색길 느릿한
리어커 지나며
폐지가 실린다.

매서운 날씨도
아닌데 한 중년
두 개 폰 보면서
길을 재촉하고

가족을 위해

늙지 못하는
노년은 하늘에
검은 연기 내쉰다

담뱃불 끄고
들어오니
다른 연기꽃이
피고 있었다

유년시절

자치기를 끝내고 시골마당에
들어서 외양간을 보니 누렁소가 없다.

뒷곁에 가보니 발소릴 들었는지
누워 있던 소가 마치 곁눈 짓하듯
큰 눈 끔뻑대며 바라본다.

빙그레 웃으며 다가가 땅에 깔린 배를
만지니 따뜻하다.

만져도 미동 않는
소에게 자치기 이겼다며 으시대곤
나두 그 배에 누워 친구들 얘길 하다
이내 잠든다.

민기야 민기야
인석이 워디 간 겨
할무니 목소리에 깨어 보니
어느 새 노을세상.

탁탁 소릴 내는 아궁이
벌겋게 타고
굴뚝은 밥시간을 알린다.

일어나 가려니
누렁소도 일어선다.
기다렸단 듯이.

장상아 Poem

빗방울 외 9편

서울 출생 국제문예지 The Moon Light of Corea(2004), 중랑신춘문예 (2005) 시부문 장원 '중랑문학'. 공저 〈중랑문학〉 〈월간문학〉 〈자유문학〉 〈성주문화〉 〈대숲에 이는 바람, 길을 묻는 당신에게〉 〈새들도 인물을 본다〉 외 다수

빗방울

누구나 두려움은 있어요

아니 어쩜, 이 순간도
두려움으로 가득 차 있을지 모릅니다

비가 왔습니다 비가 옵니다
세차게 혹은 부드럽게…

마음 하나쯤은 이제 다스릴 만도 한데
마음과 늘 어긋나는 행동

나를 주체할 수 없는 힘
그 이상한 놈은 여전히 나를 괴롭히고
너를 괴롭히고,

냇물이 흐르는 뚝방을 찾았습니다
뚝방 길을 따라 천천히 걷습니다

풀잎에 꽃잎에 물방울들이 방울방울
나비도 잠자리도 키를 낮춥니다

나도 그들과 키를 낮춥니다.

성령의 임재 속

감사함과 기쁨으로 흔근한 육신,

진주알 같은 구슬땀이 성령님을 초대한다

뜨겁던 첫사랑의 방언을 열고

빠르게 진동하는 맥박,

속눈이 열린다.

옹기종기

들에는 들꽃들이 나란히 나란히 나란히
공원에는 아이들이 나란히 나란히 나란히
나무에는 열매들이 나란히 나란히 나란히

다툴 일도 뽐낼 일도 없다.

파릇파릇 동글동글.

우(雨)
　　-난폭운전

이상하다 마음

여유롭다가 쫓기다가
유순하다가 사납다가

역시 믿을만한 놈은 못된다

폭동한다 장맛비

그래서 마음은 늘 친구가 필요하다
언제나 다독여 줄 친구가 필요하다

우리 내면 속에는
각 기능들이 산다
그 중엔 마음이란 놈도 있다

대장소장 위장처럼 모양은 없지만
더 섬세한 기능들을 갖고 산다

그 마음이란 놈 그 놈,

그 고약한 놈을 추방한다

장대비가 그쳤다.

절규
- 소명(召命)

선명한 이유의 파도가 그녀를 실었다

시선이 닿을 수 있는 곳 없는 곳

무수한 뒷굽에도 채이지 않는 싱그러운 자연이여

골목골목 시멘트 골 틈 사이

생명이 생명답게 제 할 일을 하고 있다

 '주 예수를 믿으라 그리하면

너와 네 집이 구원을 얻으리라 '

계절계절 바람을 탄다

코스모스

비가 왔어요
요란한 비가 왔어요

이 마음 하나 제어하지 못해,

그곳은 어떤가요?

다행이 이곳 미세먼지 쓸고 간 자리에는
청량한 바람의 싱그러움이
새벽불빛과 함께 졸졸 흐르고 있어요

사나웠던 혈기도 이제 한풀 꺾이고
산책로에서 담았던 친구들의 영상

풀 꽃 바람…

가을에만 하늘거릴 것 같았던
청정한 바람의 기운이
다시 돌기 시작해요

파랑새

1
비를 피할 곳만 있어도
이리 행복하구나

멀리멀리 행복 찾아
얼마나 헤매었누
이제야 평화를 찾았누

꼼틀꼼틀 귀엽게 움직이는
너희들처럼 비가 내린다,
지금 밖에는,

2
아스팔트 메마른 단출한 집
작은 새장, 새장 속 고물고물한 너희들이
어찌나 예쁘던지 너희들을 모델로 나는
사진을 찍고 움직이는 영상을 담았다.

폭우(暴雨)

항상 마음은 마음 같지 않아

마음을 찌른다

스스로를 해치고 또 누군가를 해치고,

반대로만 표현하는 청개구리

진짜 속마음 그게 아닌데,

표현과 행동은 자주 엇박자

그로인해 상처 입은 마음이

또 달아났다…

비가 온다… 장대비

흙탕물이다

호박덩굴의 사투(死鬪)

높은 하늘이 목표이듯
쭉―쭉
뻗어 나아가는 저 집념(執念)을 보라

지붕을 뚫고
전깃줄을 타고 오르면서도
거침이 없다

단단한 나뭇가지
벽돌 틈새라도
창틀사이 안전망을 겨냥하며
단단한 것이라면,
흔들림이 없는 것이라면
자신을 맡기는 목표가 되고 의지가 된다.

굵은 장마전선에 흔들리는 중심
반사적으로 쏘는 능력
무시무시한 태풍을 대비하는 지혜
더듬이의 위력을 보라.
때로는 허공에서

자신의 생명선이라도 부여잡고
뻗어 나가려는 몸부림

거칠은 태풍 속에서
비가 한 번,
바람이 한 번,
어둠이 한 번 물러갈 때마다

놀랍게 생동(生動)하는
기쁨의 휘장(揮帳) 푸른 깃발
간절한 복음(福音)의 열망 속에서
장마철
사투(死鬪)는 계속된다.

화산

하늘을 빈정대며 치솟는
방탕의 화력이여
펄펄 끓는 원초적인 남녀
진리를 이탈한 낮과 밤
야수 같은 지진양심
습한 도시 싸구려 색광(色狂)
폭파된 넋
알몸으로 무너진다

몰래 흠모하는 음물
멸각되는 처음
순수성의 기능저하
자신도 모르게
검은 피가 왕성하다

도취된 이노베이션(innovation)![1]
검붉은 채로
꿀꺽꿀꺽 들이키고
팽창된 혈압은

---

[1] 이노베이션(innovation) : 새 기틀, 새 제도: 새로 도입한 것

으스대며
땅을 찢어 토한다
청소년의 옥토(沃土)를 찢으며.

작가와문학 詞華集 002
해우소 노래방

초판 1쇄 인쇄일 · 2016년 9월 20일
초판 1쇄 발행일 · 2016년 9월 20일

지은이 | 공화순 외 7명
펴낸이 | 김나인
펴낸곳 | 도서출판 작가와문학

출판 등록 2012년 3월 14일 제451-2012-000002호
355-940 충남 보령시 흥덕굴안길102(대보주택 7동101호)
전화 | 010-8813-0109
팩스 | 041-936-0420
이메일 | kdm0109@korea.com
인터넷카페: http://cafe.daum.net/bmunhak

ISBN979-11-952093-8-5
*책값은 뒷표지에 표시되어 있습니다.
*지은이와 협의에 의해 인지는 생략합니다.
*잘못된 책은 교환해 드립니다.

ⓒ 작가와문학 詞華集, 2016

국립중앙도서관 출판예정도서목록(CIP)

해우소노래방 / 지은이: 공화순 외 7명. -- 보령 : 작가와문학, 2016
  p. ;   cm. -- (작가와문학 詩華集 ; 002)

ISBN 979-11-952093-8-5 03800 : ₩10000

한국 현대시[韓國現代詩]

811.7-KDC6
895.715-DDC23   CIP2016020700